Sizun,
17 février

Au pays des
Enclos paroissiaux

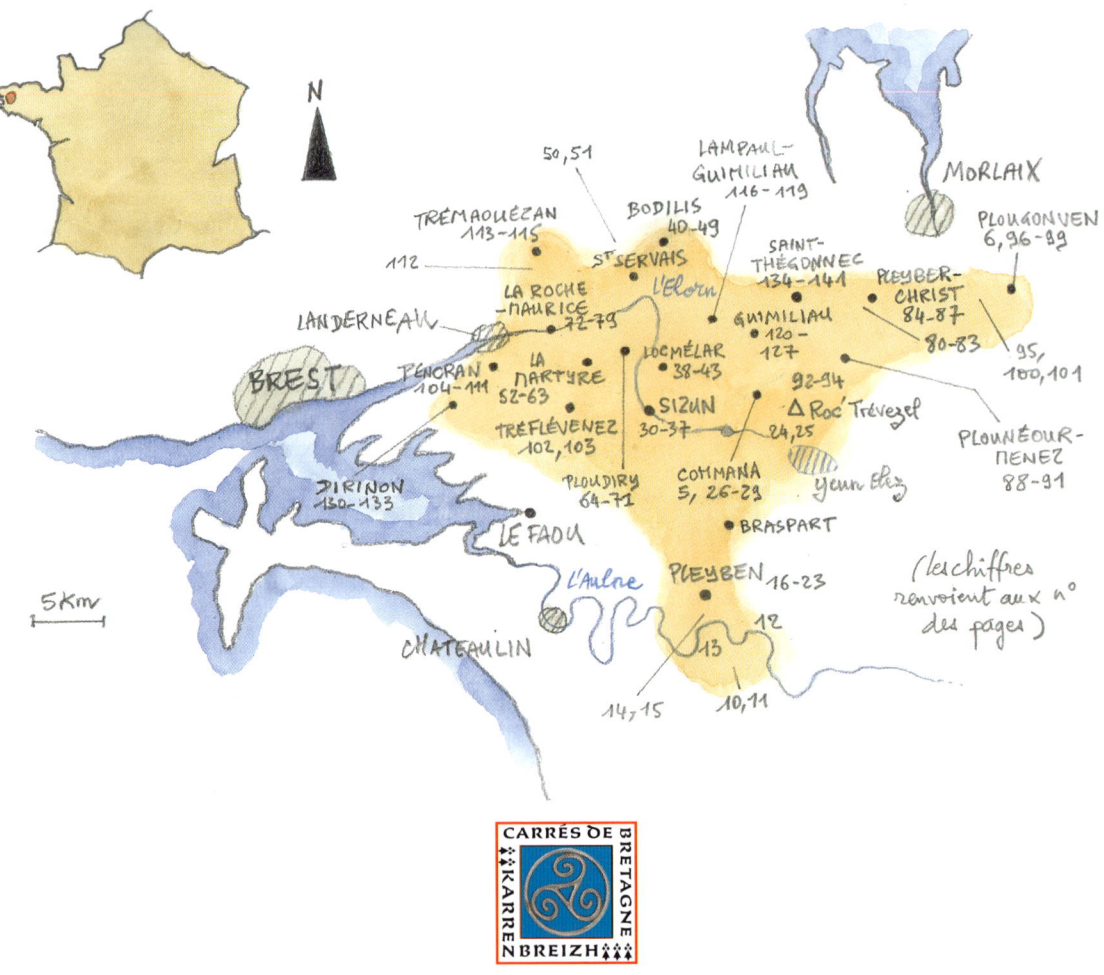

N

50,51

LAMPAUL-
GUIMILIAU
116-119

MORLAIX

TRÉMAOUÉZAN
113-115

BODILIS
40-49

PLOUGONVEN
6,96-99

112

St-SERVAIS

SAINT-
THÉGONNEC
134-141

PLEYBER-
CHRIST
84-87

LA ROCHE
-MAURICE
72-79

L'Elorn

80-83

95,
100,101

LANDERNEAU

GUIMILIAU
120-
127

LA
MARTYRE
52-63

LOCMÉLAR
38-43

PENCRAN
104-111

92-94

BREST

SIZUN
30-37

Δ Roc'Trévezel

PLOUNÉOUR-
MENEZ
88-91

TRÉFLÉVENEZ
102,103

24,25

COMMANA
5, 26-29

Yeun Elez

DIRINON
130-133

PLOUDIRY
64-71

BRASPART

LE FAOU

L'Aulne

PLEYBEN
16-23

(les chiffres
renvoient aux n°
des pages)

5 Km

12

13

CHATEAULIN

14,15

10,11

© ÉDITIONS ÉQUINOXE, octobre 2004

La Massane - Les Joncades Basses
13210 Saint-Remy-de-Provence

ISBN 2-84135-446-6

Au pays des Enclos paroissiaux

Commana
(vu des Mts d'Arrée) 18 fév.

Denis Clavreul

ÉQUiN•XE

calvaire de Plougonven (détail)

AVANT-IMAGES

Il existe autour des montagnes du Finistère une région où les églises et les croix sculptées ne se contentent pas d'élever le regard. Elles composent au centre des villages des espaces singuliers, où sont mis en scène les thèmes les plus marquants de la religion catholique (la vie du Christ, la mort, la résurrection, les démons…). L'austérité des ENCLOS PAROISSIAUX est accentuée par la nature des matériaux mis en œuvre : granite et kersantite pour les murs et les éléments sculptés, ardoise pour les toitures.

J'avais depuis longtemps l'envie d'en savoir davantage, de dessiner et peindre ces lieux mystérieux : Trémaouézan, La Martyre, Sizun, Saint-Thégonnec, Pleyber-Christ et bien d'autres.
Les images de ce livre parlent aussi des paysages, des fleurs et des gens parce que l'histoire des enclos est intimement liée à la vie de ces campagnes il y a 400 ans.
Sans doute s'intégraient-ils parfaitement à la mosaïque du bocage, très dense et boisé à l'époque. Ils furent longtemps les points de départ et de convergence d'une multitude de chemins creux.

Les enclos n'étaient pas des moulins : il fallait le plus souvent lever haut les sabots pour franchir les « échaliers » et pénétrer dans ces lieux sacrés (les portails étaient ouverts pour les grandes occasions). Aujourd'hui encore, les murs délimitent autour des églises les « placîtres », où se dressent généralement un calvaire, un arc de triomphe faisant souvent office d'entrée principale, un ossuaire, un cimetière. L'apparition de ces deux derniers éléments est liée à l'évolution des pratiques religieuses à partir du XVIᵉ siècle : les gens s'étant mis à inhumer les morts à l'intérieur des églises, celles-ci devinrent vite trop étroites ; il fallut construire de nouveaux édifices pour y déposer les reliques. Lorsque les ossuaires furent transformés en chapelles mortuaires, les tombes envahirent peu à peu les placîtres.

L'ornementation intérieure des églises est surprenante. On y découvre des fresques, des bas-reliefs et sculptures en bois polychromes, des vitraux remarquables, des retables baroques richement ornés (la plupart datant du XVIIe siècle),

Eloignés des grandes cités bretonnes et de leurs cathédrales, les enclos paroissiaux témoignent d'une ferveur paysanne. Leur édification tout au long des XVIe et XVIIe siècles résulte d'un étrange concours de circonstances :
– une prospérité remarquable dans cette partie de la Bretagne (dès le XVe siècle), principalement liée à l'élevage, à l'agriculture et au commerce de la toile de lin.
– une foi religieuse ravivée au lendemain du Concile de Trente ; les calvaires, vitraux et bois polychromes furent autant de bibles illustrées destinées aux fidèles illettrés.
– l'organisation de grandes foires, connues jusqu'en Angleterre et aux Pays-Bas, propices à de multiples échanges : commerciaux, mais aussi culturels, techniques et artistiques.

Les « fabriques » – sortes de conseils paroissiaux – géraient les biens affectés à la construction des églises et des enclos. Les moyens financiers étaient souvent considérables : produits des quêtes et des troncs, offrandes en nature mises aux enchères chaque dimanche, taxes prélevées au cours des foires, etc. Les dépenses étaient somptueuses, car les Fabriques sollicitaient les meilleurs ateliers de la région ; elles faisaient même appel à des artisans étrangers. La fierté des paroisses rendaient les projets plus ambitieux les uns que les autres. Il fallait construire plus haut, plus beau que dans le village voisin. Les travaux d'embellissement et de restauration se succédèrent ainsi pendant près de deux siècles.

D. Clavery

UN ENCLOS PAROISSIAL

L'église renferme de très beaux retables baroques finement sculptés (polychromes), ainsi que de nombreux autres éléments remarquables : vitraux, baptistère, fresques, etc.

le porche (orienté au sud), sorte de vestibule orné de sculptures destiné à accueillir les fidèles

la sacristie (dont la construction était souvent postérieure à celle de l'église)

le calvaire, en général situé à proximité du porche-sud. (il a longtemps constitué la seule croix du placître car les tombes n'en portaient pas avant le 19è s.)

L'ossuaire. Jusqu'au 18è siècle, on inhumait les morts dans l'église. Lorsqu'il n'y avait plus assez de place, on déposait les ossements dans cette chapelle funéraire.

l'échalier permettait d'accéder à l'enclos tout en empêchant le passage des animaux.

le placître (nom donné à l'espace de l'enclos situé autour de l'église)

l'arc de triomphe, entrée principale dont le portail ne s'ouvrait que pour les grandes occasions.

les Montagnes noires non loin de Gouëzec
matin du 17 février

échelle
à saumons
le long
d'une
écluse
←

l'Aulne
à Pont-Coblant

13

travaux d'hiver
(les noisetiers sont en fleurs)

15

Pleyben 17 fév.

16

l'enclos
paroissial
sans doute
le plus vaste
de Bretagne
(édifié aux
16è et 17è
siècles).
La sacristie
à coupoles
(à droite)
date de 1719.

18

choucas des tours

construit à l'origine
tout près de l'église,
le calvaire fut déplacé
à 2 reprises avant
d'occuper son
emplacement actuel.

(2 exemples parmi les
nombreux "tableaux"
sculptés retraçant la vie
et la passion du Christ)

sépulture
Pleyben, 16 février

landes et crêtes schisteuses
non loin du Roc'h Trévézel (384 m)

← au creux des Mts d'Arrée,
le grand et mystérieux Yeun Elez

25

Commana.
L'entrée sud de
l'enclos
paroissial
9 juillet

← hirondelles de fenêtres

27

L'église Saint Derrien (construite à partir de la fin du 16ᵉ s.) renferme de très beaux retables en bois polychromes, parmi lesquels celui de Ste Anne, dont le foisonnement baroque et exceptionnel.

Peints dans des tons pastels, les fonts baptismaux invitent de façon presque bucolique au baptême.
←

Plutôt austère, l'enclos de Commana s'illumine au couchant soir du 17 février
→

le froid
contraint
les saumons
migrateurs
à
interrompre
leur remontée
vers les
frayères.

l'Elorn
près de Sizun,
27 novembre
→

Sizun
centre-ville

L'enclos de Sizun
est constitué
d'éléments
relativement
disparates
construits entre
le 15è et le
18è siècle.

Les statues des apôtres sont en général disposées
sous le porche des églises. Elles ornent à Sizun
la façade de l'ossuaire (à droite)

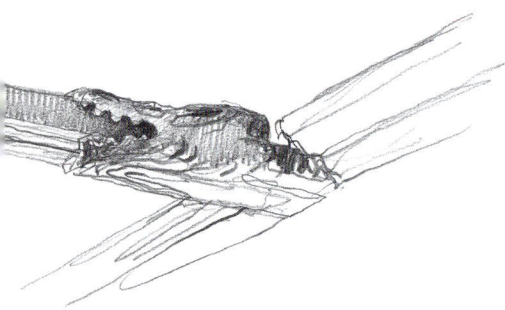

L'orgue, construit
en 1683-86 par
l'anglais Th. Dallan,
dont il ne
subsiste aujourd'hui
que le buffet.

L'instrument actuel
date des 19è et
20è siècles.

sur la route
de Locmélar
17 février

40

41

Locmélar, à l'écart des
grandes routes - l'intérieur
de l'église est magnifique.

petit calvaire entouré d'arbres, au centre du village

5mm

Silène dioïque,
et Stellaire holostée
(à gauche)
Véronique officinale
et Jacinthe
sauvage
(à droite)
bord de route, 17 mai

près de Bodilis,

45

Bodilis.
(les avions
d'une base militaire
rugissent tous
les 1/4 d'heure
à proximité
du village).

jeunes feuilles
de fougères
←

46

Bodilis - le mur
du cimetière, 17 mai

Enclos de St Servais.
l'élégant clocher servit
de modèle aux clochers
des environs.

(au pied
du calvaire)

environs de la Martyre
soir du 17 mai

La Martyre.
on aperçoit l'entrée
principale de l'enclos
(orientée au sud), le long
de la rue qui traverse
le village

labour de printemps

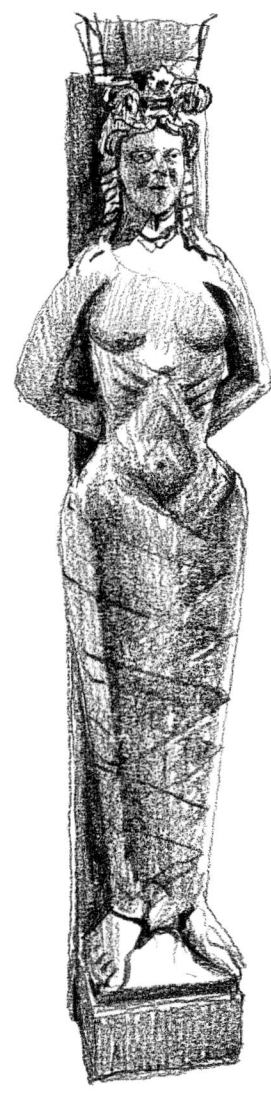

La Martyre a longtemps accueilli
une grande foire, réputée
bien au-delà des limites de la Bretagne.
Source de richesse, ce rendez-vous annuel
ne concernait pas seulement le négoce des
toiles et des animaux. Il était aussi
propice à de nombreux échanges culturels,
techniques et artistiques, à la
découverte des goûts nouveaux.

L'agrandissement de l'église et la
construction du porche bénéficièrent
du mécénat de Jean V.

L'arc de triomphe (surmonté d'une
galerie) →
fut reproduit à l'exposition universelle
de Paris en 1900.

gens d'ailleurs
et gens d'ici

58

hirondelles
rustiques
(ou hirtles de
cheminées)

59

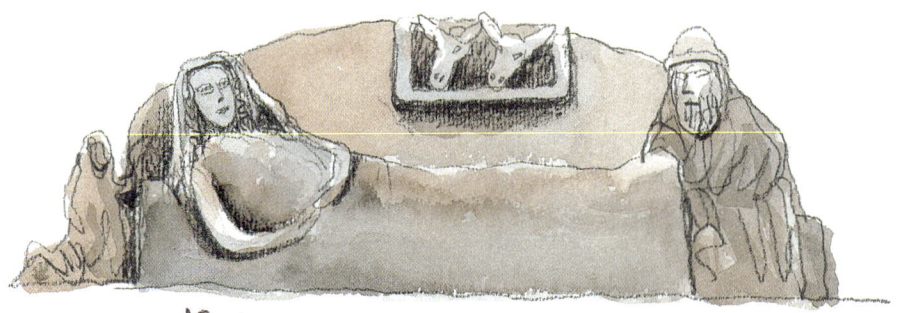

vierge allaitant
(l'enfant a disparu, victime
de la révolution ou de la pruderie)

le porche
gothique
(polychrome
à l'origine)

60

61

Lande et bois
de pins ; engoulevent
d'Europe
(vol territorial)
soir du 17 mai

Ploudiry

gargouilles, choucas de tours
et étourneau sansonnet

l'église fut
reconstruite
à deux reprises.
seul le porche
a été conservé.

67

68

la chapelle funéraire
(ossuaire)

L'ossuaire est orné
de bas-reliefs rappelant
aux fidèles que
la mort frappe
les hommes de toutes
conditions sociales.
la mort (appelée ici Ankou)
est là, armée d'une
lance.

linaires en fleurs
sur les murs de l'ossuaire
(on les appelle aussi
"Ruines de Rome")

71

une maison parmi d'autres,
curieux trait d'union entre
l'église et l'ancienne forteresse.
La Roche-Maurice, 18 mai

73

La fête se prépare, à presque 2 jours de l'Ascension.

75

"maman, je veux le manège !"
"pas aujourd'hui, demain soir"
(autant dire une éternité ...)

le Jube, sorte de
clôture en bois peint
richement sculpté
fermant le chœur.
Il servait à "lire"
les Évangiles et
les Épîtres.

Celui de l'église ST Yves (16e s.) est
l'un des rares ayant survécu
au Concile de Trente
(les jubes ne correspondaient
plus à la nouvelle liturgie
en vigueur).

(détail du calvaire)

l'Enclos de la Roche-Maurice - 18 mai

79

Les Monts d'Arrée vus des
environs de Pennavern
8 juillet

les éoliennes de
Pleyber-christ
(+ buses variables)

83

jour de
marché
à
Pleyber-Christ
8 juillet

la marchande préférée
(le chien a envie
lui aussi !!!)

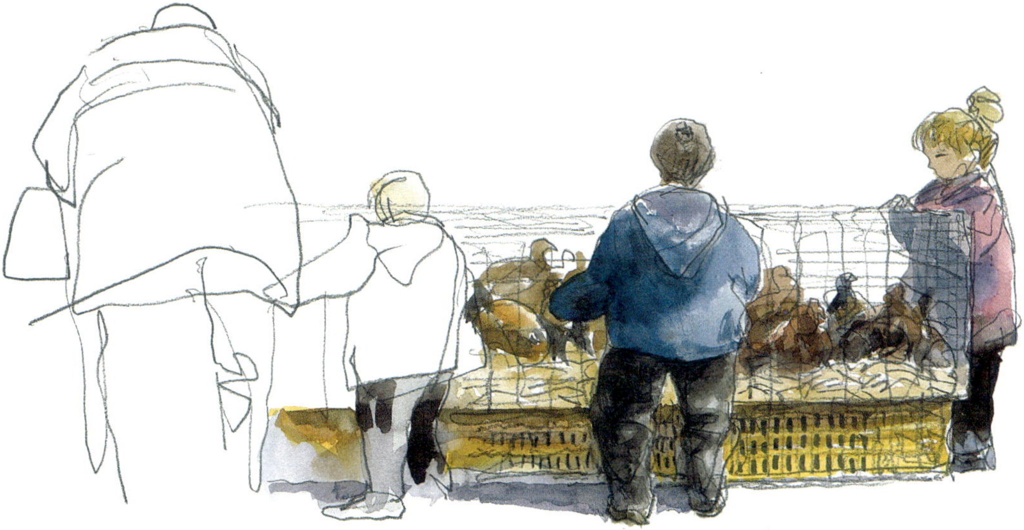

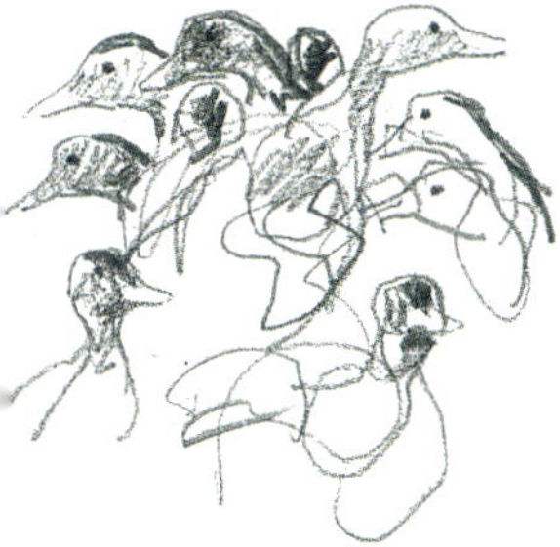

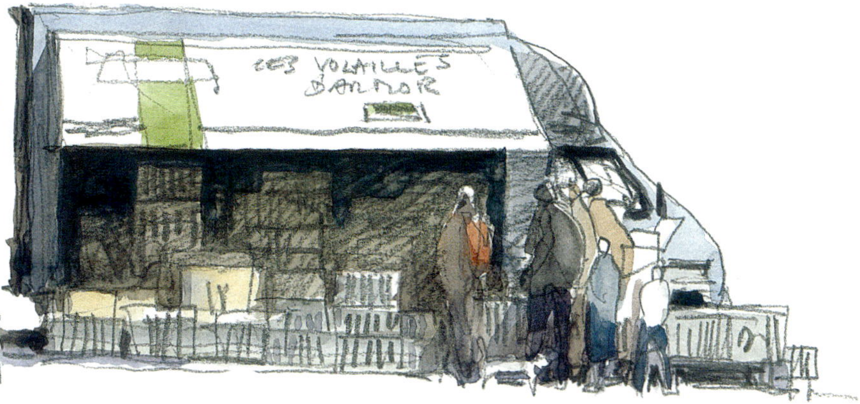
LES VOLAILLES
D'ARMOR

linotte
mélodieuse

pensées de champs,
environs de
loc Eguiner -
Saint-Thégonnec

Plounéour-Menez
8 juillet

Bruant jaune
(mâle chantaux)
8 Juillet

le rocher dans les blés

environs du
Cloître St. Thégonnec

94

95

L'enclos paroissial de Plougonven, l'un des
plus beaux du Trégor. Le calvaire (milieu du 16e's.)
compte une centaine de personnages —voir p. 6—
Sa forme octogonale symbolise le passage du
carré terrestre au cercle céleste.

merle noir

l'église St Yves,
édifiée par
Beaumanoir
en 1507.

99

Jarosse,
trèfle blanc et
marguerite.
Les Mts d'Arreé vus
du Relecq, soir du 18 mai

Tréflévenez (l'église St Pierre, plusieurs fois modifiée depuis le 16e s.

détail d'une "sablière" (longue poutre sculptée disposée en haut ds murs et qui supporte les poutres transversales)

102

le concours
de pétanque.
Stade municipal
de Pencran ,
9 Juillet

105

l'enclos de Pencran
(église Notre-Dame)

le calvaire principal
(situé au nord) fait
office d'entrée à
échaliers ──→

← pigeons ramier

106

les 3 Marie-Madeleine
de Pencran.
l'une au pied du calvaire
← principal,
les autres près de l'église et
au pied du calvaire
situé au sud
de l'enclos.
↳

109

Landerneau et ses environs ,
vus de Pencran . 9 juillet

111

entre Plouédern et Trémaouézan
soir du 9 juillet

Situé au nord de Landerneau,
Trémaouézan fut
longtemps un lieu de
pèlerinage avant
d'édifier un très bel enclos.
à partir du 16ᵉ s.

113

le porche sud
(surmonté d'une
chambre
d'archives)

114

l'échalier, situé près du portail
(qui était fermé la plupart du temps)
Dans la vie quotidienne, les fidèls
accédaient à l'enclos en enjambant
cette grande pierre plate destinée
à empêcher le passage des animaux
et à marquer la frontière entre
l'espace profane et le lieu sacré.

Lampaul-Guimiliau
18 juillet

Eglise N. Dame.
la "poutre de la gloire" incite
à élever le regard en avançant
vers l'autel.

Le retable ST Jean-
Baptiste
(à l'arrière-plan)

119

Guimiliau, soir du 18 juillet.
la tour de l'église est flanquée
d'un escalier cylindrique.

L'enclos paroissial de Guimiliau est
l'un des plus harmonieux de Bretagne.
La commune devait une grande part de sa
richesse à ses activités marchandes,
à tel point que son nom d'origine
PLOË-MILIAU (le plebs = paroisse)
se transforma en GUIC-MILIAU (de vicus = bourg)

121

le Christ, entouré de personnages
gesticulants, habillés
à la mode fin 16e siècle
→

le calvaire en
Kermantité est
un chef-d'oeuvre
de pierre sculptée

123

le pardon.
guimiliau, 18 juillet

125

compte-tenu du temps incertain,
la procession n'ira pas jusqu'à la fontaine.
Elle se limite cette année au placître
(autour de l'église).

127

non loin de Keroual
soir du 18 Juillet

130

Dirinon,
19 juillet

131

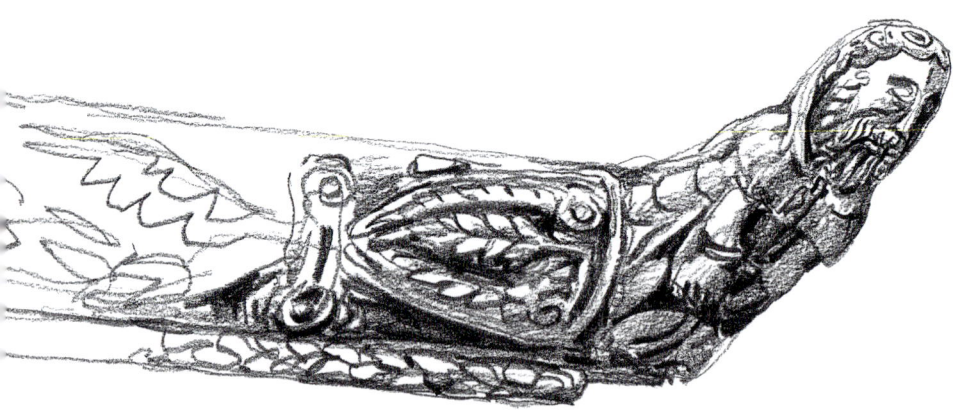

↑ détail d'une
sablière

l'église sainte-Nonne
de Dirinon

133

arrivée à Saint-Thégonnec
par une rue correspondant
à l'ancien chemin venant
de Sizun, 19 Juillet.
Cet enclos paroissial fut
conçu comme un point central
d'où partaient (et où se
rejoignaient) tous les chemins
menant aux hameaux et
paroisses alentours.

la richerie de cette bourgade
était essentiellement
due au commerce de
la toile et du
cheval breton.

Dans le souci d'édifier les plus beaux
édifices religieux, on favorisa l'installation
d'artisans talentueux. Ils furent chargés
d'édifier cet enclos, dont certains éléments
(l'arc de triomphe par ex.) frisent
la démesure.

136

L'église Notre-Dame,
plusieurs fois restaurée,
agrandie, rehaussée ...

Le Calvaire
(1610)...«
ou la vie
et la passion
du christ
en 3
dimensions.
(parmi les
visages
sculptés,
celui du
roi de France
Henri IV,
comme une
caricature
grimaçante
du mal tel
qu'il était
perçu ici
à l'époque.

une partie
de l'église
a souffert
d'un terrible
incendie
en 1998.
Les travaux
de restauration
se poursuivent,
aussi
délicats que
passionnants.

140

DU MÊME AUTEUR

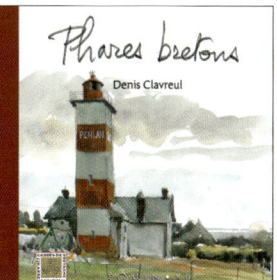

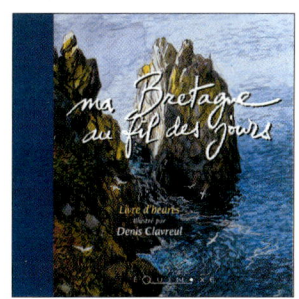

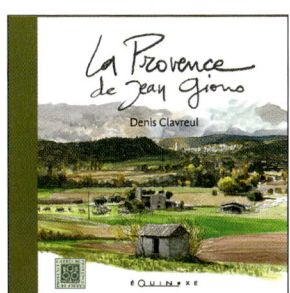

Achevé d'imprimer en octobre 2004
sur les presses de l'imprimerie Grafiche Zanini, Bologne (Italie)
Photogravure Quadriscan
Mise en page : Atelier EquiPage - Marseille

environs de Dirinon, 19 juillet.